弘大ブックレット *No. 14*

人、人と育つ

弘前大学　教育学部特別活動授業録

弘前大学教育学部

弘前大学出版会

目　次

刊行によせて

弘前大学教育学部長　**福島　裕敏**

本書の授業者は、山科實氏である。氏は、青森県の中学校英語教師として教職人生をスタートし、教育行政の仕事を経て、最後には中学校の校長を務めた。また在職中から本学部の非常勤講師をお引き受けいただき、退職後は教職支援室の立ち上げに貢献いただくとともに、自らも教職支援コーディネーターとして教職志望の学生に対して指導助言をおこなってくださった。この他、現職の先生方を対象とした教員免許状更新講習の講師も担当いただいた。

本書は、氏に担当いただいた本学部教職必修科目「特別活動」の授業録である。「特別活動」は３年次学生向けの授業であり、前期と後期に分かれてそれぞれ100名近い学生が受講している。この授業は、学生たちにとって最も印象深い講義の一つといっても過言ではない。実際、卒業時・卒業後に実施している教員養成カリキュラムに関するインタビューにおいて、教員としての成長をもたらしたものとして、この授業に言及する学生・卒業生は少なくない。また、教員となってからあらためて氏を校内研修の講師として招聘した卒業生もみられる。

かれらにとって、この「特別活動」が印象深いものとなっているのは、端的にいえば「出会い」に満ちた時空間だったからだと考える。つまり、特別活動の世界と「出会い」、山科氏と「出会い」、ともに学ぶ仲間と「出会い」、そして過去・現在・未来の自分と「出会い」、これらを通じて新しい「特別活動」の世界が拓かれていく、そのような時空間だったからであろう。このような「出会い」の時空間としての「特別活動」のあり方は、山科氏の教育実践と教育観に深く根差していると思われる。

一つは、山科氏の「特別活動」が特別活動の実践そのものであったことである。学習指導要領によれば、特別活動の目標は「集団や社会の形成者としての見方・考え方を働かせ、様々な集団活動に自主的、実践的に取り組み、互いのよさや可能性を発揮しながら集団や自己の生活上の課題を解決することを通して」(文部科学省　2017　162頁)、「人間関係形成」「社会参画」「自己実現」に関する資質･能力を育成することにある。その内容は①学級活動･ホームルーム活動、②生徒会活動･児童会活動、③クラブ活動(小のみ)、④学校行事とされ、近年では学校におけるキャリア教育の要としても位置づけられている。これらに照らせば、山科氏による「特別活動」は、特別活動をめぐる様々な課題について、学生一人ひとりが自らの見方・考え方を働かせ、他者と話し合い、自らの生き方についての考えを深めていく集団活動そのものなのである。学生たちは、まさにこの「特別活動」という特別活動に主体的・実践的に関わることを通じて、特別活動そのものについて学んでいったのであり、この授業が「為すことによって学ぶ」という特別活動の真髄にもとづく実践であったからこそ、学生たちにとって印象深い授業となっているのだろう。

また、「特別活動」の底流には、常に一人の「人」として「出会い」、それによって生起するダイナミックなプロセスを通じてこそ人は育つのであり、そうした場を開いていくことが教員の仕事であるという山科氏の教育観があると考える。氏のいう「出会い」とは、おそらく「二人称」を起点にしたもの、すなわち先験的に「私」があるのではなく、「他者」との「出会い」においてはじめて「私」が現れるものではないかと考える。それは、互いの属性や立場にもとづくのではなく、目の前にいる相手の存在と相違そのものを尊重しつつ、複数の人やものごとが互いに交わり折り合いをつけるなかから、新しいものごとが生まれる「二人称的（共感的）関わり」（佐伯　2017）ともいえよう。諏訪（2019）は、「共創とは、互いの存在を活かし、各々が一人称視点で、自分も含めたダイナミックな場のインタラクションを観察しながら、次第に、心の中に二人称的関わりを醸成し、折り合いをつけながら、自分なりの新しい生き方を見つけることではないだろうか」（43頁）と述べているが、「特別活動」は互いが生かし／生かされ合う「出会い」を通じた「共創」の時空間だったように思われる。しばしば個と集団とを二項対立的なものとして語られるなか、この個と個の関係性にもとづき個と集団の成長を実感できたことも、学生たちの間で「特別活動」が印象深い授業となっている理由の一つであろう。

特別活動の原語は、extra-curricular activitiesであり、教科として組織される教育活動以外の「教科外活動」を意味する。日本においては、戦前期から存在していた学級活動や学校行事等を、戦後の民主主義社会を担う公民的資質を育成するために教育課程に位置づけられた。イギリスの教育社会学者バジル・バーンスティン（2000）は、教育の民主主義的権利として、自己成長（enhancement）・包含（inclusion）・参加（participation）の三つを挙げ、それらはそれぞれ自己確信・コミュニタス（交わり）と市民的言説のための条件であるとしている。これらは、先述した特別活動を通じて育成すべき三つの資質・能力である「自己実現」「人間関係形成」「社会参画」と対応している。このように特別活動は、単なる教科外活動ではなく、むしろ教育における民主主義、ひいては民主主義社会を担う主体の育成を実現するための基層をなすものといえる。その意味で、特別活動の目標とされていることは、学校教育活動のあらゆる場面においてその実現が目指されるべきものといっても過言ではないだろう。

読者の皆様においては、本書を読み進めるなかで、山科氏と「出会い」、特別活動のみならず、学校・教員という世界とあらためて「出会い」、ポストコロナ禍における教育・社会を「共創」していく一助としていただければと願っている。また弘前大学教育学部が、そうした「共創」の場になっていければと思っている。

なお、末筆ながら、本書の執筆を快く引き受けてくださった山科實氏に厚く感謝申し上げたい。また読者には「山科實」という肩書ではなく、山科實という一人の人間として「出会って」ほしいという筆者のたっての希望を受け入れ、このような形での出版をお許しくださった弘前大学出版会にもこの場を借りてお礼申し上げる。

【文献】

バーンスティン，バジル（2000）『〈教育〉の社会学理論』法政大学出版局。
佐伯胖（編著）（2017）『「子どもがケアする世界」をケアする―保育における「二人称的アプローチ」入門』ミネルヴァ書房。
諏訪正樹（2019）「二人称的〈共感的〉関わり―共創現象を解く鍵」『共創学』Vol.1（1），39-45頁。

文部科学省（2017）『中学校　学習指導要領（平成29年告示）』
https://www.mext.go.jp/content/1413522_002.pdf。

はじめに

特別活動は、個と集団を同時に成長させる。

学校生活の全てが、特別活動と言っていい。

授業も、単なる個の学習ではなく、集団の学びと同時に存在している。

様々なことを感じ取り、お互いを知り、様々に自分と向き合う。

弘前大学で10年余り、特別活動の授業に携わることができ、自分なりにも成長を感じることができたし、多くのことを学生から学んだ。

この本を授業録としてまとめるにあたり、書名に個としての固有名詞は必要ではないと強く感じた。その授業に参加していた全ての学生の学びが場を作り、次の方向性や課題を教えてくれたし、気づきあってきた。

私は、その百何十分の一の存在として提案や意見紹介やナビゲート役を受け持っただけである。「私は」という表現で学生に多くのことを投げかけたが、固有名詞性が語ったのではなく、ひとつの「個」としての存在だったことに変わりはない。

この本も、弘前大学の教育学部という集団が書かせてくれたものであり、『弘前大学　教育学部特別活動授業録』そのものである。それで充分であり、それだけを記すべきだと思う。

特別活動は、個の存在と集団の存在が一体化しており、あくまでも、教育学部のなかの個の一人としてだけの「授業記録者」にこだわりたい。

私が何者であるかが大切なのではなく、どんな役割を果たせるかが大切だと思う。

私も含めた私たちという集団として活動を共にした事実がここに記されていることを喜びたい。

特別活動の特別活動たる所以がそこにある。

個の固有性はその存在の参加に強い意味を持つ。

あえて、授業録として本を仕上げたい。

単なるわがままが過ぎた記録係かもしれないが、あらためて教育学部の集団に参加できたことに心から感謝したい。

1．「群れる」と「集う」

いつの頃だったろう。窓外の緑がみずみずしく輝いていたので初夏だと思う。

放課後、中学３年生の男子数名が世間話に校長室にちょっと立ち寄り、さっとひけたあと今度は同じく３年生の女子が二人、うっぷんばらしの話をしに来た。やれ誰がうるさいの、誰がもっとしっかりしてほしいのとさんざんこぼして、じゃあまた、と帰ったあと、部屋は急に静かになった。葉漏れ陽を窓に感じながら校長室便りを書き始めようかと思ったときに、開けっぱなしのドアにかけていたレースのカーテンが揺れた。

「あのう、今いいですか？」と、はにかんだような笑顔が目に飛び込んできた。

校長室は一年中、いつでも誰でも入って来ていいことはすっかり定着したが、やってくるのはほとんど３年生である。合間を見て２年生がやってくることもあるが１年生は遠慮してなかなか来てくれないのだ。

１年生の女子が一人でひょっこり立ち寄ってくれるのは珍しい。誰でも無条件で来ていいのだが、つい、何かよほどのことがあったのではないかと思い、「大丈夫ですけど、どうしましたか？」と尋ねてしまった。

こちらの心配をハガネの盾で跳ね返すように、「校長先生、とっても素敵な言葉を教えます」と華やいだ目力で答えが返ってきた。

そうか、と安心したとともにこんなこともあるのかと、めったに出会えない幸せに、「是非聞きたいですね。教えてください」

とわくわくしたのを憶えている。

「とっても素敵」を「教えて」もらうチャンスが飛び込んできてくれたのだ。ソファに腰かけた、小柄なくりくりまなこの子に、「それは、どんな言葉ですか？」と身をのりだして聞いた。

「助けてもらう勇気、という言葉です」

気持ちの芯に真っ直ぐ届くような響きだ。

ファンタジー小説のなかで出会った言葉とのことであった。本と言葉のことで話に花を咲かせたあと、ちょっと部活に顔を出してから帰ります、と言って、さっと立ち去ったように記憶している。初夏の涼風が部屋を駆け抜けていった感じである。

翌週の全校朝会で早速、教えてもらった経緯とその言葉を紹介した。

そして、次のような内容を付け加えた。

「助けてもらう」ということは思っているより勇気が要ることだ。どう思われるだろうか、とか、ちゃんと聞いてもらえるか、とか様々な気持ちが湧いてくる。でも、本当に困っているときや手助けがほしいときに、近くの友達や仲間に頼めるような集団であれば、声を出せるし、支え合うことができる。ちょっとした協力や後押しがあれば自分でできるようになることは結構ある。人は、人と共に育っていくので、お互いに助けたり助けられたりということが、日々の小さな場面で自然にあればいい。

苦しくなりそうなときや気持ちが折れそうになるちょっと前に、ちょっと勇気を出して聞いてもらう、助言や意見を聞いて自分の考えを確かめてみる、ということはかなり大事なことなのである。

真剣なまなざしと頷きを得て全校朝会を終えることができた。

一人の少女が何気なく伝えに来てくれた「助けてもらう勇気」という短い言葉は、人が人と共に生きる意味を教えてくれる。

人は、ただ「群れる」ことがある。なんとなく、あるいは、無意識に抱えている不安を薄めるために。ハロウィンやスポーツ観戦の帰りに意味もなく騒いでみたり、歯止めがはずれて暴徒のようになってしまったり、群れは、責任を霧消し、役割など何もなく、力や勢いに身を任せて行動してしまう。群れは話し合いをしない。

もうひとつ、人は「集う」ことがある。

大きなひとつの目標に向けて、自分の意志を持って集う。

そこには、役割が生まれ、話し合いが育つ。リーダー役の人が声をあげ、様々な話し合いを通して、フォロワーが育つ。より深い考えが生まれ、今できることに向き合い、取り組んでみることで、新しい局面を引き寄せ、次の話し合いが生まれる。その、あらゆる場面で助け合い、元気を交換し合い、協力する楽しさに気づく。

人は、集う生き物だとつくづく思う。

新型コロナウィルスの感染拡大のなかで、多くの集いができない状況が続いて、テレビやパソコンでの話し合いや仕事の打ち合わせや授業が工夫され、新しい取り組みが行われた。それはそれで学びやつながりのカタチをあらためて考えるきっかけになったと思う。また、不登校気味の子どもや生徒がリモートの授業ならば入りやすいと参加が増えたこともその子にとってひとつの展開となった。

同時に多くの人たちが、気持ちのどこかで、共に集い、話し合い、表情を交換し合うなかで感じ取る大切さに気づいたと思う。

今、社会はあらゆる場面で「自己」を強調し、自己努力、自己責任、自己実現……と自己ラインの太い線上で生きなければいけない圧力を感じてしまう。

もちろん自分の言動に責任を持つことは大事だし、置かれた立場やめぐり合わせのなかで勇み足で失敗したり、お互いに傷つけ合うことだってある。思いが小さく小さく固まってしまい、自分でどうしていいか分からなくなることも起きてくる。そこからやけになってしまうこともあれば、希望を手放すことさえしてしまう。

だが、人は、そんなに強くはないけれど、そんなに弱くはないと思うのだ。弱くなるときはある。そういうときに、誰かの助けを借りられたらいいと思う。ちょっと背中を押してもらうこと、手を引っ張ってもらうこと。真正面から叱られたり、一緒に側を走ってもらったり。

長い人生は、本当に弱ったときに誰かの手を借りて一歩踏み出すことも含めて続けていけるのだと、つくづく思う。自立とは、何もかも自分の力だけで生きることではない。

助けを必要と感じたときにためらわずに小さな勇気を出して、共に育っていくことこそが、人が集う深い意味なのではないか。

そう考えれば、権力や地位、お金に群れているように見える私たちの世界は、もう一度「集いの社会」に切り換えをしていく瀬戸際に立たされている気がしてならない。

特別活動は、「授業以外」を一括りにしてそう呼ばれたと聞いているが、その呼ばれ方に反して、内容は全く特別なものではない。

人の集いのなかで、集ったもの同士が話し合い、自分自身と向き合い、相手のことを思いやりながら、集団として、個人としていかに成長していくかが問われており、成熟に向かう自分の生き方を模索し続けることが、まさにそのまま特別活動の深意である。点数や順番で人の持つ豊かさをあたかも可視化できると勘違いしていると、集いは群れのままでしかいられないことを心に刻んでおきたい。

２．特別活動を支える柱

人の集まりを「群れ」から「集い」に昇華させていくためには、集合全体を、一人ひとりの成長を含めて豊かにしていかなければいけない。それぞれの状況や発達段階を踏まえながら様々な手立てを展開するために４つの柱を建てようと思う。

すなわち、①目標を活き活きさせること、②話し合いができる「雰囲気」を育てること、③「主体比率」を上げながら活動を創り出すこと、④自分と向き合い、選択を続けること。

これらが特別活動を支える４本の支柱である。

①目標を活き活きさせること

学校も社会も、ものすごい数の目標に溢れている。

学校を見れば、学級目標、学年目標、学校目標、生徒指導部や保健指導部からの月間目標、個人目標、部活動の目標もあれば、行事ごとのスローガンも掲げられる。

ものすごい数の目標に囲まれて日々を過ごしている。

しかし、どの目標がどの程度達成されたのか、どこが課題として残ったのか、なぜ課題として残ったのか。次は何をどうしていけばいいのか、集団としての展開策を弱い立場やかぼそい声の人を含めた納得を得ながらじっくりと話し合っているだろうか。学級目標を４月に掲げて、教室の壁に貼り出したきりになってはいないだろうか。その目標が照らし出してくれた自分や自分たちの現状をしっかりと捉えることができているだろうか。

そもそも、どの目標に、どんな理由で優先度をつけたのか、その目標を継続させるべきか変えるべきかをきちんと話し合えたのか等々、目標をめぐることがらは山ほどある。

目標を決める、実践する、検証の機会を設ける、とことん話し合う、達成と課題を納得する、そして次の実践につなぐ。そのことができてこそ、はじめて目標が活き活きと輝き出すことを忘れてはならない。

②話し合いができる「雰囲気」を育てること

「話し合い」は育てないと育たない、ということを根底に置いておくことが大切である。

何か全校や学年、学級で話し合いが必要となったときに、「では、皆さんで話し合ってください」と場を預けても、日頃から「話し合い」をしていなければ、あるいは、「話し合う雰囲気」が育っていなければ、到底話し合いは進まない。というより、成立しないと思う。自分の思っていることや考えていることを自由闊達に話し合うということは相当難しいのだ。

わずか60年ほど前までは、町内の子ども会が成立していて、中学３年生の数名が幼児から中学生までの100人ぐらいの集団を率いて、季節ごとの催し物を仕切っていた。そこに生まれたケンケンガクガクの、しかし底抜けに明るい話し合いの雰囲気は経験した者でなければ分からないかもしれない。責任者の大人もその場にいたのだろうが、全く記憶にない。子ども会が完全な自治組織として成立していたのだ。しかも、催し物が終わったあとに、中学生が日をあらためて集まり、企画や進行の検証の話し合いをし、次回の企画につなげていたのである。当然、学校においても、児童会や生徒会の活動が盛んで、中学校のときは生徒会が仕切る部活に関する協議会で各部の１年間の予算さえも決定されていた。学校の新聞も生徒たちが作成していたし、私自身、新聞部に身を置いて活動し、一丁前に社説にあたる論説を書いていた。生徒総会は論客がこぞって持論を展開し、毎回生徒会執行部との火の出るような論戦で盛り上がったのを鮮明に記憶している。

しかし、たった半世紀の間に、少子化と自己ライン化が浸透し、集団が殺気立つほどの熱を発して話し合うことは皆無になってしまった。

過剰な受験戦争とも呼ばれた詰め込み暗記式の勉強の浸透に始まり、テレビゲームやスマートフォンに代表される「一人でいて一人で」遊ぶカタチと「みんなで集まっても一人ひとりが操作して」遊ぶカタチがあっという間に定着してしまった。

全てがゲームの進行上でのごとく受け止められ、その「便宜」上でつながりを作ることが日常になった。特に、相手の気持ちや考えを思いはかることも要らない「ゲーム」の一部に取り込まれたような無機質な雰囲気が根をおろしてしまった。自分と相手を対峙させ、心を相照らすことなしで、対話が生まれるはずがなく、集団になったとしても、共通するものを見つけ、一緒に創り出すために熱く話し合う空気に変貌していくこともない。

意図的に身近なことを取り上げ、まず自分の考えを探し出し、お互いに交換し合い、しかもそこに評価とか基準とかを設けることなく安心して時間を展開できる場を提供し、知らない間に、話し合いができる雰囲気を作っておくことが何より求められる。教師が、生徒を基準に照らして見ることだけをしているうちに、基準に囚われずに、今、みんなで楽しむ大切さや、話し合ってものごとを決めていく必要性も、身に引き付けて感じなくなってしまったように見える。

話し合いを育てるためには、なにはさておき、日々、「話し合う雰囲気」を醸成する努力と工夫が求められる。

③「主体比率」を上げながら活動を創り出すこと

日常は非日常に試される。

いつもと違うことが起きたときや、未経験のことなどに遭遇すると、結局は「それまでの日常に培ってきたもの」、つまり「手持ちの力」で何とかしようとする。

なので、新しいものに取り組むときに既にできているマニュアルに沿って対応しているだけでは、新しい力や蓄えを獲得することはできない。それは「手持ちの力」が全く育たないことを意味する。一時、「指示待ち人間」という言葉が使われたが、「指示をもらってさえも、どう動けばいいのか」分からない人が多くなってきているのではないかとさえ思ってしまう。指示が同じでも、受け取る側の考える量や感じ取る深さによって、言い換えれば「手持ちの力」によって対応や対処の仕方が変わってくる。

つまり、何かをするとき、どこに重点を置いて、どこから切り開いていくかを話し合う小さな経験を日常で重ねていくことが大切になる。

行事は、班単位の小さな活動から、学校全体の大きな催し物、あるいは学校を超えた地域全体を巻き込むものや地球サイズで一緒に取り組んでいくものまで多種多様にある。

児童や生徒が、「自分自身も行事を創り上げる不可欠な存在」だと、感じ取っていることが何よりも大切である。

ある中学校で２年生が、学年で誰がその話を始めたかは分からないが、海に沈む夕陽を見たいね、という企画を立ち上げた。４クラスとも全員異議なしで、みんなが見たいとなった。それを遠足にしようと。そして実際に「ただ夕陽が見たい」というひとつの目標に向けて、生徒・教職員も含めて全く同比重での役割を分け合い、その活動に取り組んだ。

学年主任が校長室に許可を求めてきたとき、「面白い」と思ったと同時に、「こういうことが行事の本質なのだ」と感じて、了解した。行事は、本来的には自分たちの日常に「非日常」を創り出し、一人ひとりや集団全体の気持ちを弾ませることで、「みんなでいる今とここ」を少しでも豊かにするためにある。出店やコンクール的なもので楽しむこともいいが、でき映え、売り上げ、順位等々の別な要素が絡まることが多過ぎる。

夏季休業中に、学年の職員全員でバスで移動する地点まで車で行き、そこから約２時間徒歩で海岸まで歩き夕陽を見てきたという実地踏査の報告を受けたときも、「面白いな」とつくづく感じたし、踏査という「非日常」を創ったことで、学年の職員の集団づくりの気持ちが積極的になったのを感じた。

格別リーダーが活躍したとか、役割分担で話し合ったとか、準備に忙しいなんてこともなく、ただみんなでひとつの夕陽を眺めることで、そのときの「今」が忘れられない「あのとき」として深く心に刻まれた。夕陽を一緒に見つめ合う「仲間」になれるなんて、素敵な学年集団だと思う。

そのとき、どれだけ一人ひとりのなかに「主体比率」が高まったかは測ることはできないが、自治的な集団の土台がじわりと固められたと思う。

特殊な例ではなく、ふとした活動が行事の普遍性につながる。

④自分と向き合い、選択を続けること

進路指導という、分かったような分からないような業界用語がある。

進路は、その人の生きていく仕方のことであり、根幹は自分でたくさんの選択を積み重ねながら進んでいくことなので、誰かがああしろこうしろと指示や指導ができることでもない。助言や参考意見を伝えるぐらいはできるけれども。

どうして高校に行くのか、なぜ大学へ進むのか、と聞かれた中高生が、「なんとなく」とか「みんなが行くから」という理由を答えることをためらう傾向が強い。おそらく、進路指導なることをせねばならないと思っている人たちから、ちゃんとした理由を言わないといけない、ときつく言われているからだろう。つまり、進むべき道を選ぶ根拠を明確にしてしっかりと発言し、実践していくよう働きかけることが進路指導と考えている大人が多いのだ。

病気で困っている人を助けたいので医者になりたい、と言っている中学生と、今何をしたいのかははっきりしないけれどとりあえず大学までは行きたい、と言っている中学生にそれほど大きな違いはない。医学に興味がありそれで大学を目指すことと、ともかく大学までは学びたい、と言っていることに本質的な差があるのだろうか。少なくとも20代半ば頃までは学ぶ、という選択は同

じである。そのなかで、あらかじめ決められた領域で学ぶことと、全く新しく出会う領域で学ぶことと、学びとるという意味では、大差はない。どきどきしながら学ぶ気持ちを全力で応援すればいいことではないか。

そう思いながら、進路指導と呼ばれる仕事内容を自分なりに受け止め、高校受験や教職支援のなかで展開してきた。

大切にしてきたことは、「自分と向き合うこと」「自分の気持ちで選択すること」なのだとあらためて思う。

なぜなら、その二つのことが、苦しいときや思った通りいかない場面などを耐えて前進していく支えとなるからだ。

医学に興味があるとしたら、どんな医者になりたいのか、教育を仕事にしたいのならどんな教師になりたいのか、自分のどういう部分を伸ばしたいのか、そもそもどんな社会を周囲の人たちと築いていきたいのか等々、自分と向き合い、今とこれからの豊かさを考えることが主体的に選択し続けていく道、すなわち「進路」につながっていく。

ある作家が、生きることは選択することの積み重ねだという旨のことを書いていたが、進路とは選択して進むあとにできていく納得と覚悟の道筋だと伝えていきたい。

人は、選択をしていくたびに、葛藤をのりこえ、自分なりの承認を得ながら、少しずつ逞しく成長していくのだと思う。その選択にじっくりと向き合い、寄り添い、確かめを投げかけることが進路指導と呼ばれていることであり、集団の関わり合いの中でこそ成し得るのではないかと強く思う。

閑話休題①

昼休みが終わる頃、突然Ｋ先生が校長室に飛び込んできた。

汗びっしょりで。「私は、ほんとに力が足りません」と吐き出すように言ったあと、「○○が帰ってしまいました。止められませんでした」と嘆いた。自分の学級のヤンキーの男子生徒と言い争う形になり、最後は胸ぐらを掴み合う状況から、「帰る」と学校を飛び出していってしまったと言う。

日頃から分け隔てなく生徒と接するＫ先生は熱血漢で正直で信頼を集めている。野球部の指導も全力投球。何より生徒に嘘をつかないのでその生徒もＫ先生と、安心してぶつかれたのだ。Ｋ先生が大好きなことは、その男子と校長室で長く話したときに伝わってきていたから気づいていた。

黙っていても、数日の間にきっかけを作りその男子と話せると思うが、溜まっていた気疲れみたいなものを、Ｋ先生はふと誰かにはき出したかったのだろう。これはとても大切だ。モヤモヤっとしたものを誰かに伝えることは、小さな「助けてもらう勇気」を発揮することだ。自分を隠さないことはより人を強く、優しくしてくれる。私はＫ先生に、「先生は信頼されているんですね」という内容を伝えた。「帰る、とちゃんと言って帰ったのですから、また明日必ず来ますよ。」

その男子は、その日の部活動からちゃっかり帰ってきて、Ｋ先生と部活後に何やらたくさん話しこんでいた。

どうやら、その男子もＫ先生との出会いのなかでちゃんと「助けてもらう勇気」を備えてきたようだ。

人は、人と育つ。

３．「個」と「集団」の同時育成

大学の授業で「学校とは何をするところですか？」と尋ねると、７割強の学生が「勉強をするところ」と答える。 私はあちこちひねくれているので勉強するふりをするところ、ぐらいは答えるところだが、真っ当に答えてくれる。

あらためて、学校は「生活するところ」ではないか、という私の考えを伝えることから特別活動の授業が始まる。

学校は、生活の場である。

同世代の様々な児童・生徒が一緒に一日を過ごす。生活を共にする。ほとんどの学校では、教室での朝の会から一日が始まり、授業を共にし、昼食を食べて、昼休みを挟んで、午後の授業へと進む。そして、帰りの会や掃除を終えて、部活動、帰宅となる。

学校は、集団で生活する場であり、そのなかで勉強もするし、人として多くのことを学び合う。新型コロナウィルスの流行でオンラインの授業や勉強が実施され、あらためて学校の意義が問われたように思う。確かに、今の学校で見逃されがちになる一人ひとりのつまずきや気づきなどをオンラインで掬い上げる密度が濃くなったところもある。しかし、一人ひとりが全体の雰囲気を感じ取り、それぞれの表情や声に反応し合い、活力や熱気を帯び、集団として出力が跳ね上がる。そういう臨場のなかでこそ耕される個があることも忘れてはいけない。不可避な非常事態がオンライン授業への切り替えを推進し、この先まだまだネット的なものの工夫や使いこなしが必要なことは分かったが、同時に今まで学校に来づらいと感じて休みがちだった児童や不登校気味の生徒が結構参加してこれたというニュースを聞き、現在の学校集団の在り方に対してとても示唆的であると受けとめた。

「生活する場」としての学校に不足しているもの、しっかりと行き届いていないものが何なのかを突き付けられたような気がしている。急場凌ぎのことが逆に事の本質を照らしてしまうことは多々経験してきた。

学校が生活の場ならば、何が不足しているのか。

自分が学級・学年経営、学校経営をしているとき、何に気をつけていたのかをあらためて考えさせられた。

個と集団を一緒に育てていくために不可欠なこと。それは、お互いを知ろうとすることであり、受け容れ合うことである。

大学の最初の授業でもうひとつ必ずやることがある。

それは、全員に自分自身の「～しないこと」を書いてもらうことである。今まで20年ちょっと生きてきて、これだけはできるだけしないようにしている、ということをひとつだけ黒板に書いてもらう。100人を超える大教室での授業だが、全体を三つに分けて、次々と前に出てきてチョークで書いてもらう。途中で黒板を上下にスライドさせ全員分が目の前に見えるようにする。なかなか圧巻である。「人にされて嫌なことはしない」「嘘をつかない」「お金を借りない」などや、おそらく中学生に戻った気で書いたであろう、男子の「落ちているものを拾って食べない」など、ユーモアにあふれるものも混じっていて面白い。もちろん、最後に私自身も空いているすき間を探して自分の答えを書く。

普通は、「何をしますか」的な、「する」ことを尋ねられることが多いので、「しない」ことを書くのは彼らにとっても新鮮らしい。「する」ことは、意志的であり、向上させたい前向きさが醸し出される。それに対して、「しないこと」は感覚的に嫌だとか、自分に合わないといったように、本来の自分の持っているものが無意識ににじんでくることが多い。その人らしさを濃く感じられる気がする。

大教室の黒板上の100個以上の「しないこと」をそれぞれ読み取り、隣近所と言葉を交わし合う。一気に個と集団が攪拌されて、へぇ、とか、あれ面白い、同じだ、という受け止め合いが始まる。私は、ゆるい大きなひとつの方向性のなかで、多種多様な声が同時に行き交って、騒々しい場になるのがとても好きである。無秩序な個の思いが、集団の求める方向に深められていく。こういう空間を意図的に設定していくことが、個と集団の新たな土台を創ってくれる不可欠な活動である。

一人ひとりの思いを、個人の行動目標や努力目標として書き出し、教室に貼り出す活動はよく見かけるが、そこに向けられる視線は指導者が思っているほど熱くもなんともない場合が結構多い。

また、集団の育成は、そのままだとどうしても遵法精神の育成と重なり合い、ひたすら規律を守れ、人に迷惑をかけるな、という生徒指導の色合いの濃い同調圧力的なものになりがちである。

ちなみに、私は「しないこと」として、ここ最近は「閉じない」と黒板に書いている。書いてくださいとお願いした以上、自分の答えを自己開示するのは必須の礼儀だとも思うので、どうして「閉じない」にしたのか、という理由も丁寧に伝えることにしている。そもそも、市の中学生の国際交流事業の立ち上げに関わって、一人でアメリカ・テネシー州を訪れたときに、ふと立ち寄っ

た雑貨屋さんで買った日めくりカレンダーのなかに、

When one door shuts, another opens.

という言葉を見つけて、深く納得したことが心に刻まれているからだと思う。「そうか、あれもこれも閉じていたら、とても交流なんかできないな」とコミュニケーションの極意を教えてもらった気がしたのを憶えている。

たくさんの、「荒れている」と呼ばれている（本当は、荒れたくはないのに、荒れるところへ追い込まれたのだが）学校の立て直しに関わったが、大人の側が「閉じて」いることが圧倒的に多かった。心を閉じたまま、何か大切なことが行き来することはない。その子の深いところに届く道はひとつのドアからだけつながるものでもないし、どれだけのドアを持っているのかも分からない。分かろうとして関わっている途中で新しいドアが見つかることもある。

個と集団を育てる、ということはそこにいる一人ひとりがお互いの心のドアをノックし合える関係を積み重ねていくことだ。相手の表情や息遣いを感じながら、少しでも相手の気持ちを受け止め合って、みんなでできることは何かを探し、実践していく。ひと区切りしたときに話し合いながら振り返る。できたことを承認し合い、達成感を分け合ったことを深く心に刻む。課題も残るので、次の改善策をみんなで考える。その関わり合いのなかで個も集団も伸びる。

ひとつ大事なことを付け加えれば、関わり合いのなかで大切なことは、相手のよさを褒めることだけではなく、短所や弱点を受け止め合うことである。完全無比な人はいない。お互いが苦手なことを分かり合い、支え合うところに成長や進歩が生まれる。苦手を個人の欠陥と見なしたり、なんでもかんでも自己責任に落とすだけでは関わりは育たない。

４．目標を「使い切る」ということ

個と集団を育成していくためには、集団全体の目標がとても大切になってくる。目標のない集まりは、群れと化す。

現実的には私たちはたくさんの目標に囲まれているはずなのだが、それに向かっての努力や工夫、約束ごとが大事にされていない場合が多いと感じている。大きく言えば持続可能な地球を守っていく様々な取り組みもばらばらだし、身近な地域や周囲との目標も破られることが多い。車のスピードひとつとっても、命を守る目標なのに、下手をすると「そのときの個人の身勝手」で破られることも日常によくある。

前述したが学校社会も目標が多い。個人目標から学校教育目標まで様々な目標が乱立している。例えば、最も馴染みの深い学級目標を取り上げてみる。

大学の授業では、学級目標に焦点を絞る。小学校から高校までの12年間で、一字一句正確に憶えている学級目標がひとつでもあれば、黒板に書いてください、と呼びかける。一瞬、ああ、というどよめきに近い声があちこちから聞こえてくる。だいたいだが、毎年３割ぐらいの学生が書いてくれる。７割近くは全く忘れているか、うろ憶えなのだ。私は、黒板に書かれた目標をひとつずつ黄色のチョークで囲みながら、これはこういう意味合いなんでしょうね、という解説に挑戦する。すると、なかには全く意味不明なものがあり、そこは書いた人に挙手してもらい説明を聞く。そのときのその学級での符丁や担任教師の個性に関わるものなど由来が多彩でとても面白い。最後に、何人かに、どうして忘れないで記憶に残っているのか、そのわけを教えてもらう。学生とのやりとりがとても面白いし、みんながひとつの理由や由来をほんとうに楽しそうに受け止めてくれるので、集団の基礎部分が耕されていることを感じる。大学の大人数の授業だって、大きなひとつの学級なんだ、と受け止めている私は、こういうひとつひとつのやりとりを疎かにしたくないのだ。

学級目標を憶えている理由は大きく二つある。

ひとつは決め方である。みんなで話し合い、時間をかけて一生懸命作った目標は憶えている。なかには、一生懸命作ったことだけは憶えているのに、という人もいたけれど。

もうひとつの理由は、活用したという実践である。運動会のときに学級目標を書いた学級旗を、持ち寄った端切れを縫い合わせて作ったとか、文化祭のときにもう一度みんなで学級目標について話し合って団結したなど。

目標を使いこなそうと取り組んだところに、そのときの気持ちが深まり、記憶にも刻まれたのだ。

４月の学級開きのときに話し合って決めたまではいいが、黒板の上に貼り出して、あとは１年間「壁の花」になって、うっすらほこりを被っておしまい、ということが結構多い。

学級目標は１年間、機を見て大いに活用されなければ力を発揮しないし、意味もなくなる。私が、学級目標を使い切れ、というのはそういう意味なのである。

さらに、踏み込んで言えば、目標を立てるということは、必ず検証がともなわなければならない。区切りのいいときにみんなで振り返り、目標にどのくらい近づけたかを話し合う。あの場面ではかなり団結できたね、あそこはさっぱり力を結集できなくて目標にはまるで届かなかったね、とか、話し合う場が必要である。できたことは、認め合い讃え合えばいい。できなかったところは、その理由を考え、改善策を話し合い次の実践につなぐことが大切である。

ゆえに、学級目標は「ルール」を内容にしてはいけないと考える。「ビジョン」であるべきである。もし、「ルール」にしてしまえば、例えば「遅刻をしない」など、あとで検証の場を設けたときに「したか、しなかったか」だけが焦点化され、下手をすれば自己責任で何とかしてください、で終わってしまう。集団全員での検証とさらなる実践につながらない。

「ビジョン」だと、いろいろ話せる。例えば、「お互いを思いやる学級」という目標だとすれば、あのときはお互いを思いやれただろうか、そもそもあの場面で思いやる、とはどういうことなのか、○○君がみんなを叱ってくれたのは思いやりからじゃないか、などと多種多様な視点から目標を見つめ直せる。課題も見えてくる。個人として何をするべきかが集団を見つめている視点を通して語り合える。まさに検証である。そして、そこに教師も入らなければいけない。あの場面では、先生ももっとはっきり言うべきだったね、とか、ちょっと先生も指導者としての思いやりに欠けていたね、など、開示された意見が教師を含めた全員から出されたら、その集団の信頼関係は深まり、関わり合いが豊かになっていく。

集団を「群れ」にするのではなく、関わり合う「仲間」に昇華させていくためには、目標をみんなで決めて、その「ビジョン」

を理解し合うために、学期の終わりや大きな行事のあとに、学級活動の時間を使ってみんなで検証することが大切である。

目標を「使い切る」とはそういう意味である。

閑話休題②

最後に勤めた中学校には、希望を強く通してもらい、6年間勤務できた。ザワザワした感じをみんなで何とかしようと、赴任2年目に新しい学校目標を提案した。生徒、教職員、保護者、そして地域の方々にも機会を見つけて提案理由を伝え、了承を得た。今までの目標がふさわしくないわけではない。知・徳・体の内容に関することを三つずつ掲げ、合計九つの内容が示されていたので、気持ちがギュッとまとまるにはいささか多すぎると感じたのである。思いきってひとつに凝縮することにした。

「出会おう新しい自分」という目標を校長提案として出した。

人は、毎年毎日、新しい自分と出会い続ける。今日という日は二度と来ないし、今日出会う様々な場面のなかで様々な自分自身と出会う。自信に満ちていたり、消えたくなりそうになったり、周囲の人との関わり合いも刻々と動くなかで、常に新しい自分と出会っているのだ。同じ指導案で授業をしても学級が違えば全く違う展開がある。同じ学級でも、関わり合いの成長や深化によって集団の表情が変わり、そのなかの一人ひとりの気持ちも動き続ける。

失敗や転倒なんていつでも誰かがしているし、気がついた人が手を差しのべればいい。困ったら助けてもらえばいい。そうしながら、新しい自分と出会い続け、関わり合いのなかで成長していけばいい。だから「出会おう新しい自分」という目標を掲げ、臆せずみんなで学校を創っていこう、と。（その目標が、今現在もまだ掲げられ、使い続けられていると聞いて、何か前進を続けている集団の頼もしさを感じた）

5．毎日の「短さ」の大切さ

朝の会や帰りの会といった短い時間を大切にして、単なる事務連絡ではなく、テーマ性にもとづいて工夫を加え、日々を重ねている担任は、授業者としての力も十分備えていることがほとんどだ、と私は思っている。「塵も積もれば山となる」という諺は、実践論としても的を射ている。短い、日常の時間を粗末にしている人は、大切な局面で力を発揮できない。

短さは、つながれば長い道を創ることができるのを知っているか、いないかが問われている。

朝の会を10分、帰りの会を15分としよう。

毎日25分の短学活が１年間200日あれば、合計5000分となる。授業に換算すれば、１時間あたり50分としてちょうど100時間。１年間で100時間の授業をしている「長さ」をどう生かしていくかが、朝の10分と帰りの15分という「短さ」の積み重ねである。毎日の「短い」は、決して疎かにできない。

次の朝の会の内容を比べてほしい。

A

①挨拶
②日直からの連絡
③係からの連絡
④担任からの話

B

①挨拶
②日直から今日の流れと頑張りどころ
③係からの連絡と一言エール
④今日の二番目に気になるニュース
　（希望者または順番）
⑤担任からのギュッとした話

Ａは、いわゆる事務連絡のみであるが、Ｂは、日直も係も自分の意見や思いを挟み込める余地を設定している。「気になるニュース」を誰かが発表することで、個人が集団に働きかけ、集団が個人を受け止める原型を作っていける。これを週５回実践するのとしないのとでは、学級の雰囲気、空気の攪拌が全く違ってくる。動きのあるところには、また新しい違う動きを生み出すエネルギーが湧き出る。気持ちの関わり合いの芽が育つ。この毎日の短い時間の土壌作りが、集団作りにやがて決定的な影響を及ぼす。

帰りの会には、私も似たような活動を組んでいたが、プチ対話ができる場を設定するといいと思う。

４人の班を作る。男女２名ずつを基本とすればちょうどいいと思う。数が合わないときは３人の班を組み込み調整する。男女混合を守る。

まず、一人が、今日一日を振り返ってみて、気分がよかったこと、頑張れたこと、学級にいて楽しかったことや嬉しかったことなど、気持ちがプラスに動いたことを手短に話す。話し終わったら、聴いていた人が一人ずつ感想を伝える。「それは私も楽しかった」「そこ頑張ってたね」など、一言感想でいい。そして２番目の人が話し、聴いていた一人ずつが一言感想を伝える。時計回りに全員が話し、全員が一言感想を伝え合う。それが一通り終わったら、最初の人に戻って、今度は今日、悔しかったこと、落ち込んだこと、がっかりしたことなど、気持ちがマイナスに動いたことを簡単に紹介し、聞いていた人が一人ずつカバーする言葉をかける。「それは悔しいね。僕も先週同じことがあったよ」「大丈夫だよ。この次は一緒に頑張ってみよう」など、受け止めたよ、という意思表示を伝える。この活動を、一定期間帰りの会で毎日行う。毎日、メンバーを一人か二人ずつずらして、学級中の友達とプチ対話を重ねていく。この活動の影響は絶大なものがある。好き嫌い、ではない「学級の仲間」感が知らず知らずのうちに育まれていく。もちろん、いつ、どのタイミングで、どう進めるかは担任の判断が求められるが、できるだけ４月の早いうちから、定着を図ることが大切だ。

話し合いの土壌と話し合いの機会を、意図的に創り出さない限り、「話し合い」自体が育たないのである。

もうひとつ、話し合いの機会として活用できるのが、係活動に関してである。児童会や生徒会に連動する委員や当番としての日直、掃除係などを除けば、基本的に係活動は学級それぞれが創意を生かして創り出していいものである。自分たちの学級がより過ごしやすく楽しくなるように話し合えばいい。

「担任を励ます」係や「ひたすら窓から見える風景をスケッチする」係「学区の謎を解明する」係、「中間・期末テストを予想しヤマをかける」係、「教室の修理修繕のプロ」係、「和むオリジナルクイズを出題する」係等々、生徒の話し合いから生まれた係はたくさんある。それらをみんなで笑い飛ばしながら同じ場と時間を共有し合っているうちに、いざというときのシリアスなテーマでの話し合いも真剣に、活発にできるようになる。

短い時間でできることを大切に積み重ねているうちに、話し合いの土がしっかりと鍬入れされ、大事な案件についての考えや、日常の時間をより豊かにしていくための意見がその子なりにどんどん出てくるようになる。あとは、議長や副議長、書記、提案者等の役割と決議方法を決めておけばいい。

議長は、採決には加わらずひたすら議事進行に努める。話し合いの取っかかりを示したり、発言の促し方も一人ひとりの性格や表情を見ながら、話し合いの目標に向かうように尽力・工夫していく。副議長は、議長の促し方とそれへの反応の状況を側で見ながら、適宜議長に気づいたことや意見の引っ張り出し方などを進言し、ときには必要に応じて部分的に議長役を替わって行い、議長に全体を見つめる間を提供することが役割である。書記は、黒板を見れば話し合いの流れが分かる工夫を常に考えながら、発言や共通確認事項などを簡潔に表記していく。提案者は、生活班の班長だったり、場合によっては個人でもできるように仕組みを整えることが求められる。そして、学級の委員長と学級会の議長とは明確に分けて別な人が果たしていかなければいけない。総理大臣と国会の議長を兼任するような混同をしてしまっていると、話し合いと実践への移行の役割分担がしっかりと行われず、一人ひとりの体幹として身についていかない。

もうひとつ大切なことは、児童や生徒の話し合いで決まったことを実践できる体制や場面をしっかりと保障できるかどうかだ。児童・生徒がいくら活発に話し合っても、実行に移せない環境であれば、話し合いへの熱はすぐに冷める。何をどこまでどう児童生徒に任せるのかを教職員側がフォローアップを含めて共通理解しておかないと、学級会はもとより児童会・生徒会・自治会は育たない。積極的に話し合い、主体的・協働的に実践する集団を育てるためには指導者側の「主体性」こそが問われていることを忘れてはいけない。

話が少し広がりすぎたが、大きな展望とシステムとしての支えがなければ、日々の「短さ」に大事な思いを積み重ねていく向こう側にある希望が実を結ぶことはない。

小さなことにこそ本質が宿る、ということを普遍と感じ取るところに、朝の会も帰りの会も露に光る輝きを放つ。

閑話休題③

「短い」で、ふと思い出したことがある。

卒業式が無事終わり、最後の学活を終え、卒業生が在校生・保護者・教職員に見送られ生徒玄関から笑顔と涙で巣立つ場面に何度となく立ちあった。ある年、玄関を出た直後に卒業生女子が二人、駆け寄ってきた。

「あのときはほんとにありがとうございました」と突然言われ、「あっ、憶えているんだ、しっかりと」と私もあの瞬間の二人の笑顔を思い出した。

12月の全校大掃除の日、トイレで煙草を吸っていたヤンキーを追いかけて３年生の長い直線廊下を走っていたとき、水飲み場を汗をかきながら必死でたわしがけをしていた女子二人がいたので、一瞬立ち止まり、「すごい一生懸命に掃除に打ち込んでいるね！偉いなぁ！」と言ったら、二人で顔を見合わせて輝くような笑顔を見せた。「えっどうした、なんかあった？」と尋ねたら、親友だった二人がちょっとしたことで喧嘩をし、仲直りのきっかけがなかなか見つけられずに１カ月位過ぎてしまったこと。このまま年を越して卒業になってしまったらどうしようとそれぞれ焦っていたこと。たまたま大掃除の班が同じ水飲み場になったことで仲直りができて必死で掃除を頑張っていたのに誰一人声をかけてくれず何だか少し淋しくなったときに、ちょうどタイミングよく私が声をかけたこと。そのことにお互いに感動したこと。

短いやりとりであったとしても生徒の記念日的な大事な瞬間に接することだってあるのだ。永く刻まれるものが短さに詰まっていることが、思っているより多いのが、学校という場なのである。

６．行事は「創り出す」もの

文化祭が明日にせまった午後、３年生の女子が二人、校長室に駆け込んできた。

「校長先生、早く早く、来て、来て」と言うので、急ぎ３人で体育館に向かった。

体育館では、翌日の学級ごとのステージ発表の最終練習が割当制で行われていた。今まさに２年生のあるクラスの練習が始まろうとしていた。どうやらダンスのようだ。踊るのは女子全員で、男子は音響や照明、大道具等裏方を引き受けている。学級として役割分担がしっかりと話し合われたのだろう。女子のセンターに立っているのは、その学級を協力学級として、日常から仲間としていろいろな授業も行事も一緒にやってきた特別支援学級の女子である。ダンスのことなどダの字も知らない私でも分かるぐらいその子のダンスはキレッキレである。区切りになると女子全員が集まりその子の指摘や助言を聞いている。チームとしてのまとまり感が直線で伝わってくる。同じ時間に体育館で様々な準備をしていた生徒が活動の手を休めて見入っていたのも納得である。

そのときである。呼びに来てくれた３年生の一人が、「今年も文化祭は（今の時点・前日の段階で）もう大成功ですね」という旨の言葉を話した。

そのとき気づいたのだが、私自身ずっとそう感じてきたことだった、と。そう、行事は前日に「成功」しているのだ。

大学の特別活動の授業で学生に問いかけてきたことでもある。「全ての行事は前日に成功している」、この定義づけに賛成か反対か、班ごとに話し合ってください、と投げかける。何をもって「成功」と捉えるのかについても話し合って、と。

活発な意見が飛び交う大教室は気持ちがいい。班ごとに結構熱くなって話してくれる。

賛成の班の多くは準備段階で全員が協力し合い役割を分け合うことやぶつかり合うことで、お互いをより知り合えることで学級としてのまとまりが強まることを挙げる。反対の班は、準備の大切さはもちろん分かるが、当日の精一杯の取り組みを入れないで行事は語れないのではないかという考えを力説する。ただ、どの班も、出来映えがどうの、とか、優勝するとかどうのとかは大切な問題ではない、というところでは一致している。結論がなかなか出ない班のために、60パーセント賛成、というようなパーセントで示す表現もあり、と提案し直したこともあるし、最初から、何パーセント賛成か数直線上に示す、という方法を提案したこともある。

そもそも、前日に成功している、という見方は「教師目線」なのではないか、という疑問が出たこともあり、冒頭の生徒の意見で私自身が気づいたことをしっかりと説明し「生徒目線」で出てきたことを伝えた。

生徒の発想や話し合いを中心に据えて行事を創っていくと、企画、準備から、当日と振り返りまで含めて、全ての行程が明らかに生き生きとし、どの場面を切り取っても一人ひとりが輝き出すのだ。

自分たちが名実共に主役になると、一人ひとりの生徒が本当に主体的比率を日々自ら上げ続けることが起きてくる。

「自分たちの学校」を「自分たちの手」で創っていきたいという思いは、時代を超えて脈々と流れているのだ。教師側が、企画・主題・内容を全て決めてしまって、例えば、学級の出し物ぐらいしか自分たちで決められない、というのであれば、その環境からは、主体性は芽生えない。与えられた役割を自分から積極的に行う自主性が育つ子はいるが、そもそも「それをやるかやらないか」という基点から自分たちで話し合える機会を設定していかないと本当の意味での「主体」が芽吹かない。主体性と自主性を混同してはいけない。

具体的に実践していた例を紹介したい。

入学式から卒業式まであらゆる学校行事を生徒会で主催するという極めて希有な経験を、若いときに1年間だけしたことがある。そのときは、仕えていた校長がもともと小学校畑の人であり、しかも1年間、私の生徒会の運営を見てきて、突然来年は全部生徒会でやってみないかなぁ、とポンと預けてくれたのだ。独特の視点で提案される方だったので、周囲の波風高きことも含めて、書くべきことが多すぎるので（例えば、入学式や卒業式という儀式的な行事は学校が行うもので、それを生徒会に任せるなどとんでもない、という多くの諸先輩を何回もの会議を通して、説得したこと等々）、全てを生徒会に預けてくれたことでその中学校は3年間で様変わりし、あらゆることを話し合いで解決できる学校になったことだけを伝えておきたい。

最後に赴任した中学校で定着した具体例をひとつ紹介し、小学校や高校、その他諸学校でも、発達段階や状況に応じて参考にしてもらえればと思う。

最も大きな行事である文化祭の創り方についての実践を書く。

10月に二日半で行われる文化祭だったので、本番に向けての最初の会議を夏季休業中の前半に開催した。

参加者は、生徒代表として生徒会執行部、各学年正副委員長、学級委員長、保護者代表として学校ＰＴＡ執行部と学年ＰＴＡ執行部、教職員を代表して校長・教頭・教務・生徒会担当・各学年主任・生徒指導主任・特別活動主任・養護教諭等。

まず生徒会執行部より、今年の文化祭にかける思いや情熱が伝えられ、テーマの提案がなされる。それに対して各学年の代表や学級代表からの意見や要望が出され、いろいろ意見交換する。もちろん保護者からも意見が出て来るし、自分たちが手伝えるところや出したい出店などの要望も出て来る。それらを大まかにまとめ上げた、ざっくりとした文化祭の全体像を共有し合う。三者会議と呼ばれるこの会議は、生徒たちの意欲向上や責任感の醸成にとても大きなエネルギーを与えてくれる。保護者や教職員の意見や要望を受け取る場面を踏むことで、自分たちが中心となって行事を創り上げる自覚と責任感が高まるのだと思う。

この会議での共通理解を基にして、夏季休業中に文化祭の準備期間や当日、さらには振り返り活動までの細案を生徒会執行部が作成する。テーマを表すスローガンを募集（又は提案）し、合唱コンクールや学年展示、全校でのゲーム大会、未成年の主張大会、学級ごとの出し物や模擬店、演劇、吹奏楽、ダンスパフォーマンス、国際交流事業の報告等々毎年多彩な催し物がひしめき合う。

夏季休業明け、教職員と全学級に配布して検討を加える。基本的に、できるだけ細案実現のために改良・改善を加えるべきところはないか、という視点で意見や要望を集める。修正を含めて必要な協議や打ち合わせを経て決定版が出され、周知がされ実践に移される。教職員は制作や移動等での助言を出し合い、生徒会担当者を中心に全教職員の役割を決める。食堂運営は学校ＰＴＡが様々な形でバックアップしてくれ、オヤジの会という父親たちの組織は金魚すくいなどの露店的なもので参加して祭を盛りたててくれる。赴任当初は二日間で行われていたが、生徒会からの強い希望があり、協議を重ねて前日祭の半日を加えることになった。前日祭のセレモニーで真っ白な幅広のタスキが生徒会長から文化祭実行委員長に手渡され、祭の期間中にそこに自分の一言と名前を書いたら誰でもいいので次の人に手渡ししてかけてもらう。それをリレー式につないでいく、ということが行われた年もあった。閉祭式のときに、タスキをかけていた人が生徒会長に返還するときには、黒いタスキかと思われるほど多くの生徒や保護者、教職員の書き込みで埋まっていた。なかなかのアイデアだなぁ、とすこぶる感心したことを憶えている。

主体性が発揮され始めると一人ひとりのアイデアや思いがどんどん湧き出て来て、それが集まり大きな流れを生み出す。担任をしていた頃、学年生徒会で未来の私たちの街をミニチュアで創り上げるという案が採用され、文化祭当日に間に合わせるために最後に男子十数人と深夜まで取り組んだこともある。生徒たちが自分たちで納得点を求め始め、安易なところで妥協しなくなると、支える体制作りを学校全体で構成する必要が生じる。教職員同士での助言や応援の共通理解をきめ細かくしないと、生徒との距離が遠ざかり、執行部だけが盛り上がるとか、最初だけ熱が入ったはいいが、途中で息切れしてしまうことが起きてくる。「祭」という非日常が、終始情熱的であり続け、機能的に活動が支え合うように創られていくためには、日常でのつながりや話し合い、小さな協働が自然に行われていないといけない、とつくづく思う。

最後の赴任校で、全校朝会の都合で体育館のステージ上に置かれているピアノを下に降ろさなければいけないということがあった。よくあるのは、体育の先生にお願いして、授業直後に男子生徒に運んでもらうというやり方である。しかしあえてそうした方法を取らずに、放送委員会に頼んで、全校にボランティア参加を呼びかけてもらった。「今からピアノを運びたいので誰か手伝ってくれませんか」という放送直後、すぐに30人、40人の生徒が集まって手を貸してくれた。あるいは、来客のために玄関に貼り出してある構内案内図が古くなったり、破れが出てきたときには、コンピュータ部にお願いして新しいのを作成してもらう。部員たちは学校事務員、技能主事、養護教諭、校長、教頭等の写真を刷り込むアイデアを生み出し、個性的でとても分かりやすい案内図を作ってくれる。日常のなかに、生徒の協働を求められる場面は存外多い。日頃から、小さくとも多くのコミュニケーションを取っておけば、つながりの毛細血管が活発に働き、信頼の土壌が柔らかくなり、精神的なミネラル成分も豊富になる。

ともあれ、行事は教職員、必要に応じて保護者や地域の人が加わり、生徒の発案、企画をできるだけ生かしながら共に創造していくことが大切である。もちろん発達段階やそのときの状況を踏まえて、少しずつ児童生徒が主体的に動ける比率を上げていくことに気をつけながら。主体性は長い目と強い信念を持って段階的に育てていかないと育たない。ただ単に、何の脈絡もなく、日頃の小さな信頼の積み重ねもなしで、やってみろ、と丸投げしても、主体性の芽は出ない。

小学校３年生が学級みんなで話し合い、地域の特性を生かした創造劇を脚本から演出まで自分たちの手でやりとげた実践例を知っている。担任の教師がコミュニケーションの取り方を実に工夫していて、問いかけの仕方や話し合いの深め方、一人ひとりのよさの生かし方など、出すぎず、出さなすぎず感心させられた。創造と役割分担の醍醐味を肌で感じると、児童生徒は一気に古い衣を脱ぎ捨て、主体的に新しいものを創り出す。

行事は子どもが創るものだ。創らせるものではない。

閑話休題④

文化祭の前日の午後である。準備の様子を校内ひと回りして見てきたあと、いきなり８人のヤンキー男子が校長室になだれこんで来た。「どうした？」と尋ねると、「校長、明日どうすればいい？」と尋ね返してきた。よく聴くと、自分たちは明日の合唱コンクールの練習に１回も出ていない、だけど、最後の全員参加の行事なので本番だけでも出た方がいいだろうか？という、なんとも可愛い葛藤であった。今更自分たちから合唱に入れてくれとも言えないだろうし。私は、思わず心のなかで「今年の文化祭も成功だなぁ」と思った。というか、そもそも文化祭に成功も失敗もない。生徒が主体となり、テーマを掲げ、やれる分だけ自分たちの手でみんなで力を合わせて実行していくことが「祭」なのだ。納得を得た部分と達成できなかった課題を次に生かしていく取り組みのなかに生まれる大きな共感を豊かさと呼んでいいのだと思う。

「何も唄えないのに学級全員が揃うために敢えてステージに上がるのはすごく格好いいけど、かなりの勇気がいるなぁ」と私は言ってみた。次の日の合唱コンクール。３年生の出番になったら１組から順にちょうど二人ずつのヤンキー男子が制服のシャツの裾をズボンにきちんと入れて、口パク状態で４組までステージに上がり学級の一員として参加したのであった。全ての合唱が終わったときに感激した３年生担当の教員や訪れた保護者からも涙が見られた。どの子も「みんなと一緒にやりたい」という意識の芽があるのだとつくづく思った。学校は人が触れ合って互いに成長する「豊かな場」であり、行事もそこに意味を持つ。

7．進路とは「自分と向き合う」こと

学生に「『決意の日』父さんへ」、という題名の文章を刷ったプリントを配る。2011年に京都市にある柿本商事株式会社が開催した、第２回「恋文大賞」（現「言の葉大賞」）において、大賞（手紙（文章）部門〈一般の部〉）を受賞した、角谷千飛路さん（札幌市）という方の書いた文章である。「父さん、恥ずかしいから参観日に来ないで！」で始まる、亡くなった父親への手紙文である。ペンキだらけの服やシンナーくさい車の全てが嫌いで、親に反抗し家出をしたこと。もう家には帰らねぇ、といきがったときも、父親は、ちゃんとご飯を食べているのか、風邪をひいていないかと笑顔だったこと。父親がすい臓ガンを告知され余命１カ月と宣告された日も遊び歩いていたこと。高校の卒業式の日に父親がくれた、三行ほどの手紙のこと。

> 卒業おめでとう。父さんはペンキ屋の仕事に誇りを持っている。命を賭けている。千ヒロもそんな仕事に巡り合ってほしい。職業に貴賎なしだよ。

角谷さんはその後薬科大学に進学したものの、どうしても父親の仕事を継ぎたくて、父親の命日に大学をやめる決意をする。母親と一緒に現場に出て父親の分まで母親に孝行すると誓う。

この文章はとても深いものを含んでいると感じたので、毎年前後期共に教材として活用させていただいている。

進路とは生き方のこと、といつも話している自分も毎回考えて

いる。そのときの自分自身と全身全力で向き合い、自分で選択した道に正しいも間違っているもない、ということを思う。

世間は未だにカネ・ガクレキ・ケンリョク（地位）という狭い物さしに縛られ、それを世界のなかでも同じだよと広めただけのことがグローバル化じゃないの、と思わず反問したくなる自分がずっといる。格差はしかたないもの、それって自己責任じゃないの、という淋しい言論が常識的みたいに言われるのは、進路指導という、友だちのなかで自分を考え、お互いの選択を理解し合う貴重な時間にはそぐわない気がしてならない。私は、いつのときだって、青くて、単純で、理想主義的でと言われてきたが、理想が全て電卓で叩き出されるようなキッパリと計算できる世の中は嫌だと思い続けている。

本当に進路（生き方）は多様になったのだろうか、という自問を持たずして今の社会で進路指導を行うのは危ないと思っている。様々な善意や理解の難しい価値観が溢れる世界中の人たちとコミュニケーションを取りながら、パンデミックや気候変動に対処しつつ、次の社会をまたその次の社会へとつないでいくのはかなり難しいことである。

今、進路指導に求められているのは、個人の描く生き方の多様さを保証する最大公約数とは何かを、私たちが住んでいる社会全体の豊かさの最小公倍数と共に考え、話し合い、少しでも深く広い知見を得ていくことではないだろうか。そのなかで、今の一人ひとりの選択を後押ししていくことが学校の、教職員の進路をより豊かにしていくことにもなるのだと考える。

ペンキ屋の親父さんの三行の文章はその全てを照射しているよ

うに感じる。この手紙を書いた本人が父親の持つ生き方の奥深さを、小さい頃から無意識に受け取っていたからこそ、薬科大学をやめて母親と共に家業に専念する選択をしたのだと思う。そして文章のどこにも出てはこないが、一人で夫の仕事を続けていく道を選択した母親の決意も根底に流れていると思う。

偏差値や順位、合格率等々のキッチリと可視化された「成果」は、参考のひとつにはなるかもしれないが、それがその人の生き方の選択を決めるものにはならない。このことを肝に銘じておかないと、数値に選択を丸投げしてしまう危険が高まる。

私は中学校の現場にいたので、どこどこの高校へ行きたいというのは、3年間の高校生活をどう過ごしたい自分がいるのか、ということと向き合うことから始まる、と生徒に話していた。かなり前のことになるが、東京で特別活動の研究大会が開かれ、発表者として参加したことがある。会が終わったときに何人もの人から自由に学級作りをしていて羨ましい、と言われたことを憶えている。ある都市部の担任は、本人の志望校への合格率をテストの成績の集計結果から割り出して伝えるぐらいの進路指導しかできない状態だと嘆いていた。偏差値が大きな力を得て、大切な判断の部分まで浸食し始めたのも見過ごせない傾向である。賢く付き合わないと、数値は自分を傷つけるものにもなるし、勘違いさせるものになる。進路指導においては、多くの人の生き方や生きる感覚と出会うこと、そこで自分と向き合うことが要になってくる。

学級担任のときは帰りの会で、切り取って印刷した新聞の「ひと」欄を配布して、それを一人一人のノートに貼り付けてもらい、感じたことを綴っていくという実践を週3回ぐらいのペースでやっていた。校長時代は全校に呼びかけて、２週間に一度、全学級の帰りの会で行ってもらい、全員分の感想メモを中央廊下に貼り出す活動を実践していた。同じ欄を読んでも一人ひとりの感じ方が違うことに気づき、あらためて自分と向き合うことができたと思う。自分のことを多角的に捉え、自分の生きていく様を思い描いてみること、それを友達と紹介し合い様々に話を深めていくことこそ、進路指導と呼ばれるのではないか。それが受験期に重なれば、開示や意見交換の先に主体的な選択が待っている。

若い担任時代の頃の話だが進路指導の場として意識したつもりは全くなかったのだが、その子の主体的な生き方の選択に直結した場面を共に創ったことがある。

ある海辺の大きな中学校に赴任したとき、担任を受け持った学級に極端な弱視の女子生徒がいた。１年前の春休みに風邪の症状で高熱が出て近所の医院から薬を処方してもらい眠ったところ、目覚めたら両眼とも全く見えなくなっていたと言う。突然の失明である。本人は半狂乱になり、すぐに両親が医院に連れていったものの、原因は全く不明。紹介してもらった大きな病院に行っても全く埒があかない。失意のまま１週間ほどが過ぎたあたりから、光が分かり、ぼんやりと物の輪郭が判別でき、黒板の字も双眼鏡で見れば読めるところまでは奇跡的に回復した。しかしそれ以上はよくならず、到底授業にはついていけない。はりきっていた様々な活動も全くできなくなり、どんどん気持ちもすさんでいってしまった。周囲の友達も何ともできず、教師も気の毒がり、家族も見守ることしかできず、ぐちゃぐちゃに乱れた心のまま３年生に進級した。ちょうどそのときに私が担任としてその生徒と出会ったのである。最初の１週間は状況や様子を見ていたが、朝自習の時間に立ち歩いて何人もの友達にちょっかいを出したところで、私の小さな堪忍袋の緒が切れた。首根っこを捕まえて廊下に引っ張り出し、あろうことか正座をさせ（現在であれば体罰として、指導を受ける）、しっかりしろと右の頬に一発ビンタを張った（今ならただちに教育委員会から厳重処分となり、新聞でも報道されることだと思う。40年前は、そういうことが指導と勘違いされ、私もそのなかで大切なことを見失っていたことに心底ぞっとする）。しかも、相当ひどいことも言ったのだ。「このままでいいと思っているのか」「ほんとにそれでいいのか」「そんな自分でいいのか」「一番輝く時期に輝かなくていいのか」。そのような言葉がガンガン飛び出てしまった。もう生徒指導でもなんでもない。感情の爆発をぶつけてしまった。最悪、最低の接し方である。３年生の１組から９組まで、学年全体がシーンと静まりかえった。ばかでかい声が隅々まで聞こえたのだろう。かなりの沈黙があった。私も、ともかくじっとしているしかなかった。空気が重いまま気持ちをギュッと押えこんだ、そのときにその生徒が、静かに、はっきりと「勉強したい」と言ったのだ。私の本気の部分だけを受け止めてくれ、自暴自棄になっていた自分と決別すると宣言してくれた瞬間だった。そして、私自身が教師として再生できる大きな大きな転機となった。そこからの私たちの行動は早かった。模造紙とマジックインキを持って私の担当教科以外の全ての教師のところを回り、その日の授業の要点だけを大きく簡単にメモして黒板の端に貼ってほしいと頼み、快諾を得た。学級の友達の協力も得て手助けしてもらい、いろいろ聞いたり調べ、手元の文字が大きく見える卓上レンズも購入した。別人のように（というか、本来の自分を取り戻し）勉強に集中して取り組むようになり、生活の姿勢が一変した。

しかし、このままだと今は何とか頑張れるが生きていく上での力がつかないと考え、市内の盲学校を何度も訪れ、何とか例外的に通級の形を取って指導を受けられるように頼みこんだ。受ける方も前例がないし、様々なことにも対処しなければいけないので慎重にならざるを得ない。それでも何とか最後には根負けした形で引き受けてくれた。行き渋る本人の背中を押して押して押しまくった。そして本人が頑張り出した。春には盲学校高等部に入学し、更に短大に進んで資格を取り、現在は鍼灸療法士として元気に働いている。結婚して授かった二人の娘さんもそろそろ自立する。自ら切り開いていく、その進路に少しだけ互いに触れ合えたことが、お互いにとっての宝物となった。同時にこの出会いは、私の教師としての根本を完全に作り直してくれたのだと思っている（隠しておきたいことなのかもしれないが、この自己開示がないと自分に嘘をつくことになるので、書こうと決めた。授業では正直に話していたので、やはりここも記さないと嘘になってしまう）。

様々な出会いのなかで、自ら自分の生きていく道を選択していくことが何よりも大切であり、ちょっとでもその手助けに全力を注ぐことが「進路指導」なのではないかと、ずっと思っている。

８．「特別」な活動などない理由

特別活動は、特別なことなど何もない日常の「あらゆる活動」のことである。授業以外の活動という意味で「特別」な、という名前がつけられたのだろうが、私の考えでは、特別活動とは「一人ひとりと集団全体の今とこれからを豊かにしていく活動」のことなので、むしろ授業も「特別活動」的な意味合いを帯びると考えている。つまり、複数の同世代が集まり、一緒に考え、活動すること全てが「特別活動」になると考えている。様々な場でお互いの気持ちや意見を交換し合い、やれることはできるだけ自分たちで主体的にやっていくという考えが土台にある、と言ってもいい。

学校に「集まって学ぶ」という意味が、どんどん薄れて、結局は自己の責任だよね、という風潮が強すぎる状況が起きている。一人ひとりの努力や挑戦は、もちろん尊いことだけれど、「集まって」学ぶという意味が、もっと大事にされていい。みんなで話し合い、決定して、実践してみる、そして振り返って、そこからまた一緒に次の課題や目標に向かっていくことはとても大切である。地球規模の災害やパンデミック、事件等々が次々に起きてくる今とこれからは「集う」意味がより一層重要になってくると思われる。ひとつの国や一人の個人だけが利益や恩恵を授かるという視点は、大きな障害にこそなれ、絶対多数の幸福にはつながらない。もう一度、「集い」の意味を、一番弱い場に置かれた人の立場や視線を含んで、みんなで何ができるかを、話し合い、実践に移すことが求められている。「特別活動」として行われてきた学級作りや行事の創造の実践感覚と「仲間意識」が国や地域を超えて、一人ひとりに芽吹き、根付くことを、教育は常に視野に入れておかないといけない。

授業も含め、日常の活動や行事が、学級・学年・学校集団として学んでいることに大切な意味があり、それは「特別」ではない、というところに「特別活動」の現代的意義が置かれていると言ってみたい。

例えば、私の専門教科は英語科だが、頃合いを見はからって(主に3年生)、英語で「自分図」を作成してもらう。

簡単なイラストで人が立っている図を描き、頭や目や、鼻、口、心、腕、手、2本の足などから空間に直線を引っ張る。

頭からの線の先には「今、どんな大人になって何をしていこうと考えていますか？」と英語で問いが書かれており、生徒は英語で簡単に自分の答えを書く。「シェフになって世界中の飢餓に苦しんでいる人においしいピッツァを食べさせたい」、「地球の平和を守るために宇宙人とのコミュニケーションの取り方について思考中です」等々様々な内容が書き込まれる。同様に目のところには「今一番見たい風景は？」、鼻なら「一番好きな香りは？」、以下「今、トモダチに言いたいことは？」「心でずっと思い続けている人か物」「今、最も腕をみがきたいこと」「握手したい人」「今、自分が立っている土台を支えているものを三つ」など、その人となりを垣間見ることができるように工夫を凝らしている。書き終わったら4、5人のグループを作り、項目ごとに紹介し合い、お互いに突っ込み合う。どんなピッツァですか？その香りに関する思い出は？その腕をみがいてどうするの？その三つの土台のなかで一番今伝えたいのは？

次に、全体に紹介したい内容を挙手制で発表し、質疑応答に熱を入れる。自分のことを発信し、多くの人の考えや思いを英語の授業で楽しみ合う。

そこには「友だち一人ひとりをちょっと知ること、受け止め合うこと、集団全体が和むこと」を通して、ゆるやかな連帯感・仲間意識が自然と育っていく。授業の場面がそのまま特別活動そのものとなる。

実はそういう活動がいたるところに散らばっているのだ。学校は朝から帰りまで特別活動に満ちている。いや、特別活動で創られていると言っても決して過言ではないと思う。

そもそも人は、分かり合ったりぶつかったりする。仮にぶつかり合って傷ついたり、ガシッと正論を言われてへこんでも、一声励ましてもらったり、支えてもらったりして、立ち直るし、癒やされもする。そういうやりとりのなかで自然に成長することが極めて健全なのだ。日常でお互いに「健全な傷つけ合い」をしているからこそ、安堵感や挑戦する心、相手を思う優しさや逞しさを身につけて育っていくのだと確信している。

特別活動は、単に集団で決められたことを役割分担をして行事を行うことではない。そのひとつひとつの過程のなかで、お互いを知り、受け止め合い、自分と向き合う。集団のなかでコミュニケーションや意見交換が活発化し豊かになっていく場を育てることである。その場を共通に感じ取ることで、個人も集団全体も成長していく。

特別活動に何か特別な活動があるのではない。特別活動は「日常」そのものだからこそ、特別に大切だと感じているのである。

集団が自分一人の強さだけをひけらかし合って服従と指示が飛び交うだけならば、単に力で統率された群れに過ぎない。

9．実践例のひとつとして

(1) 新聞記事

東日本大震災の翌月、複数の新聞に次のような内容の記事が掲載された。

> ある中学校の生徒会総会で東日本大震災の義援金を集めることを決めた。ボランティア委員会が発案したもので、一人200円以上の募金を５月に集めることになった。
>
> 帰りの会で、２年生の二人の担任教師が、締め切りを過ぎても募金していない生徒の名前を紙に書き、黒板に掲示した。合計20人ほどだった。約15人ほどの生徒が掲示後に募金した。
>
> 翌日保護者から指摘があり、名簿は撤去した。校長は、懲罰的な意味ではなく、みんなで協力しようという、呼びかけの気持ちでやったが、配慮が足りなかった。生徒が被災者支援のために頑張る気持ちは大事にしたい、といった趣旨のことを語った。
>
> 義援金は予定通り支援団体を通して被災者に送られた。

記事のコピーを学生に配布し、どこか違和感を覚えたところに線を引いてほしいと伝えた。その後、どこに線を引いたか、なぜ引いたのかを挙手制で発表してもらった。次々と手が挙がった。「生徒総会で確認を取るのはおかしい」、「200円と決めることが不自然」、「締め切りを設けるようなものではない」、「担任が名前を書いて貼るなど非常識」等々、ボランティアの本質から逸れている、という意見が続出した。

私はさらに、校長が語った「懲罰的な意味ではなく」という言葉について補足説明した。この発言を逆に読めば「懲罰的な意味」で貼り出すことはあり得る、つまり日常的な懲罰の肯定とも読めてしまう、と。

どのような事情があろうと、一対一で丁寧に指導や助言をしたり、気持ちや状況を確かめればそれで充分なことを、わざわざ名前を書いて貼り出すというのは「見せしめ的」な意味が含まれることになる。募金はボランティア活動である。そもそも個人の自由でいい。街頭で募金をしたばかりなので、学校での募金の方は遠慮します、という人もいるだろうし。また募金という「あり方」に考えを持っている人もいるかもしれないし。

このケースでは、「話し合い」ということと、「呼びかけ」との混同が起きたのだと思う。

後日談だが、大学でこの授業をして何年目かのときに、偶然にもこの記事で取り上げられた中学校に３年生で在学していました、と教えに来てくれた学生がいた。当時の学校の様子をいろいろと話してくれた。ひととおり話を聞いて、信頼関係を育てていく大切さにあらためて思いをめぐらせた。

こうした記事を取り上げて、学生や中学生と一緒に生徒総会の本来的な意義を話し合ってみるのもいいのではないかと思う。つまり、義援金のことが「全員」で200円に統一されて確認されるという、ボランティアの本来的な趣旨と真逆なことがなされているということだけでなく、生徒が話し合って決める最高の議決機関としての生徒総会（小学校であれば児童総会）の何たるかが全校生徒に理解され、同時に学校経営の理念のなかにきっちりと組み込まれていないと児童生徒の主体性・自治的姿勢は育たないということをあらためて思わされたのである。

新聞記事は、多種多様な内容が日々紹介され、ほっこりするものや本質をみんなで考えてみるのに向いているものがたくさんある。ちょっとした時間を取り、新聞記事を活用して、小さな話し合いや自然な相互の自己開示の場を重ねることで、集団自体の柔軟性や受け止め合う姿勢が成長する。

(2) 何気ない写真

１枚の写真を見て、その人物・動物などが、今何と言っているのか、言いたそうにしているのかを生徒が自分で考えて、吹き出しに書き出す活動である。

これは芸人さんたちが競い合う大喜利的なテレビ番組などでも時々行われているものである。私はかなり前から帰りの会などでやっていたので、決してまねをしたわけではないが、案外相当に古い時代からいろいろな形で活用されてきたのかもしれない。これは発想の違いがあれこれ行き交うので、学級全体がなんとはなしに温められた雰囲気になり、集団が自然体で活気づく。

例えば、ちゃんちゃんこを着て、洟(はな)をたらしながら野原を走りまわっている小さな女の子が、怒ったような表情で、スパゲッティを食べ終わってこちらを睨んでいるような写真を印刷して全員に配ったことがある。１分位で、その子が今何を心で言っているのかを推察して班ごとに紹介し合い、その後学級全体でも紹介し合う。

「ああ、４皿食べたけど、いまいち足りてないなぁ。」
「お兄ちゃん出かけるの？その服、ダサ！」
「もっと給食に予算つけてくれないと私たちが困るのよね」
「地球環境のために、私は食べ物をひとつも残さないの！」

様々なその子のセリフが紹介され和む。ほっと息をつけるような集団の雰囲気が少しずつ育っていく。この雰囲気が育っていくと、シリアスな話題や自分たち自身が抱えていることをみんなで話し合うこともできるようになるし、そこから主体的な実践が生まれる土壌となる。

(3) ひとつの曲

歌謡曲でもポップスでも構わない。歌詞に着目して、みんなで話し合ったり、意見交換や気づいたことを紹介し合う活動ができる。工夫すれば帰りの会でもやれるし、学級活動や道徳の授業でもじっくりと話し合いの場を取りながら活用できる。

私は、授業で１年に１回は必ず、曲を活用して一人ひとりが自分と向き合う生き方に関する活動を行う。

例えば、生徒や学生がリアルタイムでは聴いたことのない古い曲を使う。１番多く活用したのは60年代から70年代にかけて圧倒的な人気のあったシンガーソングライターが作った曲である。絶対に今の大学生は知らないはずだと思っていたら、ある有名なアニメ映画の挿入歌として知っている、という学生が毎年数名いたのには驚かされたことがあるが。

「時には誰かの力を借りて　時には誰かにしがみついて　私は

今日まで生きてみました　そして今私は思っています　明日からもこうして　生きていくだろうと」（作詞・作曲　吉田拓郎「今日までそして明日から」からの引用）という日常を淡々と歌ったフォークソングである。

最初に、まず聴いてください、とだけ伝えてCDをかける。そのあとに、手書きの歌詞を配り、気になった部分に線を引いてもらう。次に、「生きてみる」と「生きていく」という二つの言葉を黒板に大きく書く。どちらの言葉の方が今の自分にしっくりくるかを考え選択してもらい、その理由を簡潔に記してもらう。その後、20分から30分ほど一人ひとりが自由に教室内を歩き、７人以上の人にランダムにインタビューし、どちらを選んだかと、その理由を聞いて、意見を交わし、メモを取り、相手のサインをもらう。時間を見はからって合図をし、自分の席に戻って、それぞれの人についてメモしたものを見ながら感じたことを書く。それから、なぜこの曲を選んで紹介したのか、という理由と私の思いを伝え、メモを取ってもらう。特に「生きてみる」はTRYを連想させ、「生きていく」はWILLを連想させる、という思いを伝える。そして、みんなで鉛筆を置き、もう１回曲を聴く。最後に、今日の授業のまとめを書いて提出してもらう。次時に一人ひとりのプリントに、私のコメントを書いて返す。

ひとつの曲が、自分と向き合い、人の思いと触れ合うきっかけになる大切さを加えて説明する。

こういう活動が、進路を考えていくためにはとても大事になってくると考えている。

ちなみに学生の感想としては、「生きてみる」を、最初はその日暮らし的な、行き当たりばったりなことと受け止めていたが、TRYしてみるというとても前向きな解釈も成り立つ、ということが分かり、様々に考えさせられた、といった趣旨のものが多く見られた。

(4) 選択の積み重ね

生きていくこと自体が、実は無数の選択の積み重ねである、ということを知ることは自分自身を知り、これからを思う上で欠かせないことである。

例えば、どうして自分は、今、この大学で学んでいるのか、ということを高校時代からさかのぼって考えてみる。

既に人生の目標があり、そこにつながる道として選択した人もいれば、第二志望として入学した人もいる。経緯は様々である。そのひとつひとつの個性的な部分と、今、どんなことを学び、何を考えているか、という視点からの「振り返り」を行い、「選択してきた自分」に思いを到らせないと、選択の積み重ねを実感できない。教育に関心があり、教育学部に入ったが、心理学の面白さに魅せられて、そちらの方向での道を模索している人もいれば、単に保護者や高校の教師から勧められてなんとなく入学したら、教育実習での子どもたちとの出会いに魅せられ真剣に教職を目指すようになったという人もいる。選択とは、必ず前後とつながり合っており、そのときの個々の決断を自分が尊重する気持ちが大事だと知ってほしい。一つの選択は、次の選択につながっていることを忘れてはいけない。この「生きる連鎖」こそが一人ひとりの人生を創っていく。そして、ある作家が書いているように、人間は選択するごとに強くなるのだ。

今日ここにいることは、遠くは父や母が出会ったときの選択から始まっているし、自分の意思で選択したこと全てに、それまで出会った人やものごととが、どこかでつながっていることを思えば、選択という行為は、とても崇高なものであり、そこに必然的な深みを感じる。だからこそ、選択のし直しだってできるのである。

(5) 創作活動

学校は学ぶところだ。学ぶためには、習うことや憶えることだけではなく自分たちで、創り出すことが不可欠だ。

そこが今、とても薄いと思う。

大学の授業の終わり近くになると、必ず創作活動を取り入れる。100人を超す集団をクジ引きで5人ずつぐらいの班に分ける。

まず「はじめまして」があちこちで始まる。そして、すぐに、渡された1枚のプリントをもとに意見を出し合い、プチ対話の創作に取りかかる。時間は20分から25分ぐらい。かなり急がないといけないので、すぐに活発な話し合いが始まるのが常である。24から28個くらいの班が一斉に活気づく風景には小さな感動を覚える。

学校の本質とは、もしかしたらこういうところにあるのかもしれないと本気で考えている。ひとつの目標に向かってバズりながら近づいていく。

プチ対話の設定は全て同じである。例えば大学の新入生サークル説明会に、超飛び級で入学した小学生がブースにやってくる、という設定（留学生だったり、元気旺盛な高齢者だったりすることもある）である。

まず、ナレーションを完成させる。

ここは【　　　　　　】サークルのブースである。
なんと、小学校から入学してきた【　　　　　　】似の新入生がやってきた。

そして、対話が始まる。

新入生	【　　　　　　】サークルって、すごく簡単に言えば何をするんですか？
部長	ああ、【　　　　　　】の集まりです。 まぁ、裏じゃ【　　　　　　】ってネットに書かれているらしいけどね。
部員１	もしかして君が噂の小学生大学生！ 【　　　　　　】の達人って言われているそうじゃないですか。
新入生	まぁ、小学生にしては、の話ですがね。
部員２	10月には富士山麓で【　　　　　　】大会があってね。 優勝すると【　　　　　　】がもらえるんだよ。
部員３	君の【　　　　　　】の技が活かせるよ！
新入生	少しでも貢献できたら嬉しいです。 このサークルに入ります。
部長	決定！早速、会場を【　　　　　　】に移して歓迎会を行います。
部員１	それじゃあ、【　　　　　　】を持っていかなくちゃ。
部員２	よし、サークルの座右の銘、【　　　　　　　　】を大声で唱和しよう！

ざっとこういう感じである。【　　　　　　】のなかに入るセリフをみんなで創り出す、という活動である。発表は1分ぐらいで行い、発表終了と同時に全員で大きな拍手。評価なし、賞なし、順位なし。サークルは現在大学に存在していないもの、という条件もつく。無理をしてオチをつけようとせずに、コント作りというより、想像上の日常対話作りという感覚で取り組む。

毎年、ものすごく熱中する。教室全体が温かく、ゆるい一体感に包まれて、心地よい。私だけではなくほとんどの学生が同じような思いをその日のコメントペーパーに書いてくれる。みんなで「場」を楽しんだのである。

「ほら、学校ってみんなで楽しめる場所なんだから」とつぶやきたくなる。特別活動と呼ばれる時間の色濃い活用方法のひとつである。こういう時間を、学期に1回でもいいので、必須で取ってほしいと願っている。学校は集団の成長と個人の気づき合いに満ちているのだ。

(6) 自分と向き合う

前述した自分図は自分と向き合うひとつのきっかけになるし、ひとつの曲を聴いての活動も自分というものを探る手助けになる。

もうひとつ、「登山図作り」という活動もある。

自分が、山を登っているとして、今、どのあたりにいるのかを描いてみる。山はひとつでもいいし、連山でもいい。かつて苦労して登った箇所の説明や、これから予想される難関も記入していく。登山がずっと続く図でもいいし、一度下山する感じでもいい。近い過去と近い未来を描くことで、なんとなく捉えている今の自分の立ち位置を考えてみることが大切だと考えている。

何も確定したことでなくていいのだ。自分に対する自分のイメージを喚起するところに意味がある。

進路指導と呼ばれるものが、処理されたデータ、確定された資料だけで行われることに、私はどこか危険性を感じている。可視化されたものは何かを狭めてしまう。ときに肝に置くべき大事なものを決定的に欠いてしまう恐れさえあることを肝に銘じたい。

だからこそ、可視化されたものをただ受け取るのではなく、自分の内なるものを自分自身で少しずつ可視化し、それを紹介・発信し合う活動が必要なのではないか。

自分を見ようとする気持ちがなければ、他の人をしっかりと見る力は育たない。見たいものしか見ない人が多くなりつつあると感じているのは、自分をまるごと見ようとする活動をほとんど経験していないからなのではないだろうか。

特別活動の大切さを、ここでも感じるのである。

補足的に　「弘前教育」のこと

今は全く「死語」になってしまったようだが、半世紀ほど前には、「弘前教育」という言葉がしっかりと生きていた。新採用のときも何度も聞かされたし、そもそも私自身が義務教育時代に身をもって体験しているものでもある。

ざっくりと言えば、三つの柱がある。

- 自治集団の育成
- お互いさまの精神
- 先取の気鋭

私個人の捉え方のようにも感じるが、そう教えられた記憶が強い。

これらはまさに「特別活動」そのものである。

この三つを光源にして、今日的な特別活動の課題を鮮明にできると思う。そしてそれはそのまま現在の教育課題でもあるのだ。

- 学校が長きにわたって個と集団両方の育成を充実させきれずにきたこと。

  個に関しては、結局は自己責任という表現に落としこんでしまい、集団に関しては、未だに従順さだけを強く求める原型を抜けきれていない。

- ものごとを「好き・嫌い」だけですぐに分けてしまい関係性もそれだけで作りがちである。

  好き・嫌いの「友達感覚」ばかりが目立ち、目標に向かう「仲間意識」を育てていない。

  このことに「慣れ」て、個の学習成果だけを求め、集団でひとつの目標に向かう場を削ってはいけない。

- 人は人のなかで育つ、という感覚を日常的な活動で養っていない。
- 集団を育てる試行と教職員を含めた全員による検証ができていない。
- 話し合って企画し、主体的に実践して得る達成感や振り返りの場を失っている。
  生徒総会、児童総会のような場が生きていない。
- 多彩な場から、多彩なリーダーが生まれてくることを実践化していない。
- 可視化できないものを可視化したり、連想を飛ばしてみることでみんなで楽しむ機会がほとんどない。

等々

つまり、「弘前教育」の本質は、特別活動の水脈にあることであり、そこに力を入れてきたことで、一人ひとりの個性はもとより、それぞれの学校文化を花開かせていたのだと思う。

そこに、相互理解や集団としての知力や気力が育った。

まさに、故きを温ねて新しきを知る、である。

終わりに

特別活動は、特別に用意された時間ではなく、学校という集団の根底を常に流れている本流だと思う。

ただ、それではあまりにも大きくて捉えどころがないので、学級活動や生徒会・児童会活動という領域を示して、いろいろ狭くしたままで取り上げられているのだと考える。

あくまで、個と集団両方の成長を同時に促す活動であり、そのなかに自然と生まれてくるコミュニケーションや共感、承認や葛藤が大切なのである。私は、「コミュニケーション」という言葉に「力」をくっつけて語るのは違うと思っている。コミュニケーションは技術でもなく、能力でもない、関係性そのもののことである。

それは、生まれるものであり、育つものである。

人との関係性のなかで、人は成長していく。

当然、集団でいる以上、食い違いや摩擦は生まれてくる。傷つけ合うこともある。そして、癒やし合うこともできる。

健全に傷つけ合う、と言えば矛盾しているようだが、一方的に悪意や自分勝手が横行しないようにするためには、お互いさま、という気持ちを育てながら、健やかに、つまり、膿むようなものを残さずにぶつかり合いながら、一緒に手を差しのべ合って、共通点を見つけながら、みんなで今、向かおうとする目標に全力を注ぐことが大事なのだ。

新型コロナウィルスや異常気象、資源の枯渇、高齢化、人口問題等々の未知の難敵といくつも出会っていくだろうこれからの時代に求められるのは、個と集団の両立なのだと思う。

　ともあれ、気持ちだけが常に先行し、まとまりきれないことの多かった授業のことを、少しでもまとめてみる機会を与えてくれた弘前大学へ感謝の意を強く伝えたい。ありがとうございました。そして読んでくれた人に、何かひとつでもヒントになることがあれば幸いに思います。

授業者紹介

昭和25年生まれ。
36年間公立中学校に勤務。（途中、行政職を合計６年経験）
退職後、数年間、教育行政に参加すると共に、10年間弘前大学で特別活動やキャリア教育、道徳、実践基礎演習等の授業を担当。
その間、教職支援室の立ち上げに関わり、教員をめざす学生の支援と助言の場を様々に創り出す。

「弘大ブックレット」刊行のことば

現在、メディアの飛躍的な発達により、社会には多くの情報があふれています。しかし、その一方で「活字離れ」がいわれるように、毎日のように膨大な数の出版物が刊行され、大量の情報が提供されているにもかかわらず、その多くが難解あるいは無関心ゆえに、読まれないまま捨てられている状況があります。一方、我々教育者が直面する教育問題もさることながら、我々を取り巻く今日の社会は、急激な変化の中で、平和、人権、生命、環境などさまざまな問題を噴出させています。

「弘大ブックレット」は、こうした今日の状況に対して、北東北に立地する地方大学としての弘前大学が担っている社会的役割に立脚し、「活字」のもつ力を復活させ、対話と交流の媒介になることを目的に刊行されました。したがって、その対象は私たちの住む地球と人間社会のあらゆる問題に関わりますが、今日の諸問題を考え、未来に向けて展望を切り開いてゆく上で求められる「知」を、社会に向けて発信し、共通のものとしてゆくことを、基本的な目的としています。そのために、小冊子ではありますが、時代の最新の課題や時代を越えた問題を取り上げ、高度な内容を保ちながら一般読者のために平易でわかりやすい記述を心がけています。

多くの読者によって本シリーズが役立てられることを念願しています。

弘大ブックレット（既刊）

No. 1　「転換の時代の教師・学生たち」 佐藤三三・星野英興
No. 2　「青森県のフィールドから」 佐原雄二
No. 3　「Dr. 中路の健康医学講座」 中路重之
No. 4　「いまベトナムは」 秋葉まり子
No. 5　「津軽から発信！国際協力キャリアを生きる JICA 編」
弘前大学人文学部柑本英雄ゼミ
No. 6　「まち育てのススメ」 北原啓司
No. 7　「ものづくりに生きる人々」 杉山祐子・山口恵子
No. 8　「ブナの森の湖沼群」 大高明史
No. 9　「里の自然学」 竹内健悟
No. 10　「津軽から発信！国際緊急医療援助に生きる
朝日茂樹医師の JDR 活動編」
弘前大学人文学部柑本英雄ゼミ　ブックレット編集委員会
No. 11　「津軽から発信！母国を離れプロフェッションに生きる
国際コーディネーター編」
弘前大学人文学部柑本英雄ゼミ　ブックレット編集委員会
No. 12　「山田野」 高瀬雅弘
No. 13　「社会とかかわって学ぶ～大学生が取り組んだ世代性と
市民性のサービス・ラーニング実践」
深作拓郎・増田貴人・古川照美・生島美和・飯野祐樹

弘大ブックレット　No. 14

人、人と育つ

弘前大学　教育学部特別活動授業録

2021年3月22日　初版第1刷発行

著　　者　　弘前大学教育学部

装 丁 者　　山科　實

発 行 所　　弘前大学出版会
〒036-8560　青森県弘前市文京町1
電話 0172（39）3168　　FAX 0172（39）3171

印 刷 所　　やまと印刷株式会社

ISBN978-4-907192-94-5